Es mejor dejar en paz a las serpientes

por Allan Fowler

Versión en español de Aída E. Marcuse

Asesores:

Robert L. Hillerich, Universidad Estatal de Bowling Green, Ohio

Mary Nalbandian, Directora de Ciencias de las Escuelas Públicas de Chicago, Chicago, Illinois

Fay Robinson, Especialista en Desarrollo Infantil

CHILDRENS PRESS ®

CHICAGO

Diseñado por Beth Herman, Diseñadores Asociados

Catalogado en la Biblioteca del Congreso bajo:

Fowler, Allan
Es mejor dejar en paz a las serpientes / por Allan Fowler.
      p. cm. −(Mis primeros libros de ciencia)
    Resumen: Una descripción muy sencilla de las principales características
físicas y el comportamiento de las serpientes.
    ISBN 0-516-34926-0
    1.Serpientes−Literatura juvenil.
    [1. Serpientes] I. Título. II. Series: Fowler, Allan. Mis primeros libros
de ciencia
QLL666.06F58 1992
597.96−dc20   91-39245
                                                CIP
                                                AC

Las serpientes parecen ser húmedas y pegajosas.

Pero, ¿alguna vez tocaste una en el zoológico?

Si lo hiciste, sabes que, al tocarlas, las serpientes se sienten secas.

Muchas serpientes son muy
hermosas. Algunas tienen
rayas brillantes u otros diseños
interesantes.

Las serpientes no tienen patas. Se deslizan reptando panza abajo.

Muchas serpientes, como
esta culebra americana,
no son dañinas.

Algunas serpientes incluso
resultan útiles, pues comen
ratas, ratones y otros
animales que destruyen las
cosechas de los agricultores.

Las serpientes también comen insectos y gusanos, peces, pájaros y otras serpientes más pequeñas.

Las serpientes pertenecen a un grupo de animales llamados reptiles. Las lagartijas, tortugas, yacarés y cocodrilos también son reptiles.

Las serpientes viven en
bosques y campos, en el
agua o los desiertos. Pero
no se las encuentra en los
lugares muy fríos.

La piel de la serpiente está
hecha con muchas piezas
conectadas entre sí,
llamadas escamas.

Un par de veces por año,
la serpiente abandona su
piel exterior–¡y debajo de
ella aparece una piel nueva!

¿Dónde están las orejas de las serpientes? No se ven, porque no las tienen.

Pero una serpiente igual sabe si algo se mueve cerca de ella, porque puede sentir los movimientos en el suelo.

La serpiente usa su lengua
bífida para oler las cosas.

Algunas serpientes son
venenosas, y pueden
enfermarte seriamente
si te muerden.

Las serpientes venenosas tienen
dos dientes largos, llamados
colmillos, a través de los cuales
arrojan su veneno.

Las cobras, serpientes coral, "cabezas cobrizas" y serpientes de agua son venenosas.

También lo son las víboras de cascabel. La víbora de cascabel sacude el cascabel que tiene en la cola para asustar a sus enemigos.

El sonido que hace señala que la serpiente está dispuesta a morder.

Algunas grandes serpientes,
como las pitones y las boas,
se enroscan alrededor de
un animal y lo estrujan
hasta matarlo.

¿Cuán grandes son las serpientes pitón? ¡Tanto, que a veces miden más de 30 pies de largo!

Pero no te preocupes: esas serpientes tan grandes viven únicamente en selvas que quedan muy lejos de aquí.

Si quieres ver serpientes peligrosas–como las de cascabel, cobras y pitones– el mejor lugar para encontrarlas es en el zoológico.

Sonoran Sidewinder
Crotalus cerastes cercobombus
Range: southwestern
United States

27

Las serpientes y culebras que ves en bosques y campos alrededor de tu casa probablemente son inofensivas.

Pero siempre conviene más dejar en paz a las serpientes...¡por si acaso!

Palabras que conoces

pitón

culebra americana

serpientes venenosas

cobra

serpiente coral

"cabeza cobriza"

serpiente de agua

víbora de cascabel

30

reptiles

lagartijas   tortugas

yacarés   cocodrilos

escamas   colmillos

31

Índice alfabético

Acerca del autor:

Allan Fowler es un escritor independiente, graduado en publicidad. Nació en New York, vive en Chicago y le encanta viajar.

Fotografías: